AF312715

10e ANNIVERSAIRE

DE LA

MORT

DE

F.-V. RASPAIL

DISCOURS

Prononcés sur sa tombe, le 15 Janvier 1888

PAR

MM. **Magnien**, député de Saône-et-Loire ;

Jacquemart, député des Ardennes ;

Jacques, président du Conseil général de la Seine ;

Dubois et **de Ménorval**, membres du Conseil municipal de Paris.

PARIS

CHEZ L'ÉDITEUR DES OUVRAGES

De M. Raspail

14, RUE DU TEMPLE, 14

1888

10ᵉ ANNIVERSAIRE

DE LA

MORT

DE

F.-V. RASPAIL

10ᵉ ANNIVERSAIRE

DE LA

MORT

DE

F.-V. RASPAIL

DISCOURS

Prononcés sur sa tombe, le 15 Janvier 1888

PAR

MM. Magnien, député de Saône-et-Loire ;

Jacquemart, député des Ardennes ;

Jacques, président du Conseil général de la Seine ;

Dubois et **de Ménorval**, membres du Conseil municipal de Paris.

PARIS

CHEZ L'ÉDITEUR DES OUVRAGES

De M. Raspail

14, RUE DU TEMPLE, 14

1888

10ᴱ ANNIVERSAIRE

DE LA

MORT

DE

F.-V. RASPAIL

~~~~~~~~~~~~~

Le 15 janvier 1888, à l'occasion du dixième anniversaire de la mort de François-Vincent Raspail, décédé à Arcueil le 7 janvier 1878, une imposante manifestation a eu lieu sur sa tombe, au cimetière du Père-Lachaise.

Les groupes républicains de la Chambre des députés : *la Gauche radicale* et *l'Extrême-Gauche*, avaient envoyé des délégués auxquels s'étaient joints beaucoup de leurs collègues.

Les membres du bureau du Conseil général de la Seine et des délégués du Conseil municipal de
~~~~~~~~~~~~~

Paris, auxquels s'étaient joints un certain nombre de leurs collègues, assistaient également à la cérémonie.

Selon une pieuse coutume, une nombreuse assistance, qu'on peut évaluer à environ quatre mille personnes, était venue rendre hommage à la mémoire de l'illustre savant. On remarquait, parmi les diverses associations présentes, les Sociétés des *Blessés de Février 1848*, la *Famille des Proscrits*, qui avaient déployé leurs bannières; puis le Comité de l'*Arsenal*, le Comité d'Extrême Gauche du IVe arrondissement; les Comités du XIe arrondissement, etc., etc.

Les discours suivants ont été prononcés.

DISCOURS DE M. MAGNIEN

DÉPUTÉ DE SAÔNE-ET-LOIRE

CITOYENS,

Mes collègues de l'Extrème-Gauche à la Chambre des députés, en donnant à mes amis Prudhon, de Saint-Ferréol et à moi, le mandat de les représenter à cette patriotique manifestation, m'ont laissé l'honneur de porter la parole devant cette tombe où repose, après tant de luttes soutenues pour la liberté, le républicain dont nous venons tous ici saluer la mémoire.

Je ne me dissimule pas la lourde tâche qui m'incombe et j'aurais voulu qu'une voix plus autorisée que la mienne vînt vous retracer à grands traits cette vie de l'homme de bien, consacrée tout entière, et sans la moindre défaillance, à la recherche de la vérité sociale.

Deux hommes s'incarnent dans Raspail, le savant et l'homme politique.

Ses études l'avaient poussé d'abord vers la philosophie, mais la nature de son esprit méthodique et chercheur lui montra bientôt d'autres horizons.

Raspail se passionna pour l'étude des sciences physiques et naturelles, et sa haute intelligence lui obtint bien vite, par ses nombreux travaux, cette réputation d'un savant distingué entre tous.

Du professeur illustre, du médecin des pauvres qui

devint un des bienfaiteurs de l'humanité, je ne vous dirai rien, laissant à mon collègue et ami Jacquemart, le soin de vous le montrer sous ce beau côté de sa vie, qui lui a certainement valu ses meilleures jouissances.

Je n'essayerai pas non plus de vous tracer un portrait complet de l'homme politique, mais permettez-moi de passer rapidement en revue les principaux actes par lesquels le citoyen que nous regrettons s'est montré l'un des serviteurs les plus dévoués de la République.

Les premières aspirations de cette nature franche et loyale furent pour la liberté.

C'est vers 1830 que Raspail entre résolument dans la politique militante, et la révolution de Juillet le trouve au premier rang de ceux qui, comme lui, croyaient à cette époque combattre pour la liberté.

Le gouvernement de Louis-Philippe vint bientôt lui enlever cette illusion, mais ne put le corrompre. Pour se l'attacher et le récompenser des travaux qui déjà l'avaient rendu célèbre, le roi le nomma, sans le consulter, chevalier de la Légion d'honneur.

C'était peu le connaître !

Raspail refusa la décoration et, dans une lettre rendue publique, il donna de son refus des motifs qui font le plus grand honneur à son caractère. Il n'admettait, lui, le vrai républicain, d'autres récompenses que la satisfaction du devoir accompli.

Comme membre de la *Société des amis du peuple*, Raspail entreprend, et par ses écrits et par ses discours, une active propagande républicaine.

C'est aussi à partir de cette époque, en 1832, que

commence pour lui cette série de condamnations et à
l'amende et à la prison que lui a values toujours sa
fière attitude devant les hommes du pouvoir despo-
tique, dont il n'a jamais craint de flageller les abus.

En 1848, il eut le premier l'honneur de proclamer la
République à l'Hôtel de Ville. Fidèle à ses principes,
il refusa de faire partie du Gouvernement provi-
soire.

Il fit alors dans *l'Ami du Peuple* une vigoureuse
campagne en faveur du suffrage universel, dont il
fut le premier promoteur. C'est là, citoyens, un de ses
plus beaux titres à la reconnaissance des républicains.

La liberté de la Pologne avait trouvé en lui un
ardent défenseur, et c'est pour avoir lu, dans la
journée du 15 mai, à la tribune de l'Assemblée
nationale, une pétition en faveur de la Pologne que
la Haute-Cour, réunie à Bourges, le condamna à six
ans de détention.

Exilé sous l'Empire, Raspail rentra dans la vie
politique en 1869, et fut élu à la Chambre des députés
par les électeurs de Lyon.

Après la guerre néfaste de 1870, il ne voulut pas
se représenter aux élections législatives du 8 février 1871 ; il reprit sa plume et, à propos de son
Almanach pour 1874, l'ordre moral le fit condamner à
un an de prison qu'il subit, comme toujours, stoïque-
ment. Raspail avait alors 81 ans !

Mais arrivent les élections législatives du 20 février 1876 : Marseille le réclame, l'envoie à la Chambre
et, comme président d'âge, il est chargé de faire la
transmission des pouvoirs. On se rappelle son beau

discours, dans lequel il saluait l'ère nouvelle de la République, faisait appel à la concorde entre tous les républicains et demandait l'oubli de nos discordes par l'amnistie !

Raspail, citoyens, était de cette nature d'hommes d'élite fortement trempés. Il y avait en lui toutes les vertus de ces hommes de notre première Révolution.

Ces patriotes de 1789 et de 1793, nul ne les connaissait mieux que Raspail ; nul ne s'était pénétré mieux que lui de leurs doctrines humanitaires ; nul n'en a fait le portrait plus touchant que lorsqu'il les dépeint dans une des plus belles pages de ses *Réformes sociales*, en s'écriant :

« Ces hommes, dont le nom ébranlait l'Europe,
« étaient calmes, modestes, réfléchis ; leurs regards
« n'avaient rien de farouche, leurs traits étaient se-
« reins, et le seul mot de Patrie faisait verser leurs
« pleurs. »

Ce portrait, citoyens, n'est-ce pas le sien ? Nous ne pouvons mieux faire que de le lui appliquer en entier, à lui qui fut le digne successeur de ces héros, mais à lui aussi, qui a eu le suprême bonheur de se voir revivre dans ses descendants à lui, dont le nom est si dignement porté au sein du Parlement par ceux que je suis heureux d'appeler mes amis.

Il me reste encore à vous rappeler, citoyens, quelle part fut prise par Raspail à l'avènement du suffrage universel.

Le suffrage universel !

Oui, citoyens, c'est là un des plus beaux titres de celui dont nous sommes venus ici honorer la mémoire, d'avoir été des premiers à revendiquer le droit de vote pour tous.

Le suffrage universel ! cet instrument merveilleux de paix et de concorde, qui fait que tous les citoyens d'une même nation sont égaux en droits, qu'ils sont tous souverains.

Le suffrage universel, qui ne distingue pas entre celui qui est riche et celui qui est pauvre ; qui met sur le même rang le prolétaire et le millionnaire.

Le suffrage universel, qui, selon l'expression de Victor Hugo, « va chercher l'infortuné qui, dans les « extrémités de sa détresse, n'avait d'autre arme, « d'autre défense, d'autre ressource que la violence, « et lui met dans la main, à la place de la violence, « le Droit ! »

Citoyens, je crois que nous ne saurions mieux honorer la mémoire de François-Vincent Raspail qu'en rendant un nouvel hommage à l'institution pour laquelle il a tant lutté et qu'il a si puissamment contribué à faire proclamer en France.

Devant sa tombe, vous répéterez tous avec moi, citoyens, ce cri qui est un cri de reconnaissance :

Vive le suffrage universel !

DISCOURS DE M. JACQUEMART

DÉPUTÉ DES ARDENNES.

Citoyens,

Quoique j'aie l'honneur de faire partie de la *Gauche Radicale* de la Chambre des députés, je ne vous parlerai point de la vie politique de François Raspail ; d'autres vous ont rappelé et vous rappelleront ses titres à la reconnaissance et aux souvenirs de la Démocratie. Moi, ancien professeur, resté amant fidèle de la science, je vous demande la permission de redire brièvement ce qu'a été ce savant.

Raspail a débuté tout jeune dans la carrière de l'étude, comme petit professeur, aussi pauvre et aussi peu payé que pouvait l'être alors un petit professeur dans une petite institution, n'ayant à sa disposition ni le temps, ni les moyens d'étudier. Mais il avait quelque chose de plus indispensable, il avait le feu sacré, et possédait au plus haut degré cette curiosité philosophique que fait naître, chez les esprits supérieurs, les premiers regards observateurs jetés sur la nature.

Les sciences naturelles sous toutes leurs formes : chimie, botanique, paléontologie, zoologie, l'attirent invinciblement, et tout jeune il fait successivement une série de travaux remarquables dans ces diverses parties de la science.

Son mémoire sur la formation de l'embryon dans les

graminées étonne le monde savant ; c'était en 1825, il avait alors une trentaine d'années. — Avant lui, le grain de fécule était considéré comme une masse homogène d'une substance immédiate unique ; Raspail démontre que c'est un être complet, avec des tissus divers, naissant, se développant et se transformant comme les individus les plus élevés et les plus complexes. Ce fut l'origine d'une véritable révolution profondément féconde dans l'anatomie physiologique. Les tissus allaient nous apparaître comme des agrégats de petits êtres ou cellules ayant leur vie propre, et les maladies de ces mêmes tissus, comme les résultats de la mauvaise santé des cellules.

Quoi de plus admirable que le souvenir de cet observateur passionné, l'œil fixé sur une mauvaise loupe pendant des jours, des mois, des années, pour saisir le secret de la vie dans son activité la plus élémentaire, au sein de son organisme primordial ! Je vous donnerai une idée de l'importance et de la nouveauté des travaux de Raspail en disant que Claude Bernard, notre illustre physiologiste, a été sur ce point son disciple et son continuateur.

On peut dire que François-Vincent Raspail a eu le génie de l'étude des *infiniment petits*. Après la cellule, les *microbes*. Là, il a été plus qu'un grand savant, il a eu le don prophétique en projetant le premier rayon de lumière dans cet *infini obscur*, où la science contemporaine après avoir entrevu tant de merveilles, reste étonnée et confondue de la grandeur et de la difficulté des problèmes qui lui restent à résoudre.

La puissance et la multiplicité des microbes ont été

affirmées par Raspail il y a un demi-siècle : « Mes recherches, dit-il quelque part, m'ont amené à admettre que le plus grand nombre des maladies émanent de l'invasion des parasites internes et externes et de l'infection par les produits de leur action désorganisatrice. »

Est-ce que ne voilà pas, dans ces quelques mots, le résumé de ce qui fait aujourd'hui l'objet des recherches et des principales discussions de nos sommités médicales ? Est-ce que sa thérapeutique, qu'on a pu trouver bizarre à cause de sa simplicité et de son universalité, n'était pas la conséquence logique de ses idées ? Est-ce qu'elle n'est pas aujourd'hui la base fondamentale indiscutée de l'hygiène publique et privée ?

En 1833, Raspail obtient le prix Montyon, 10,000 francs. L'Académie, par la voix de Geoffroy-Saint-Hilaire, lui décerne les éloges les plus flatteurs : « Vous venez d'ouvrir une nouvelle voie de recherches, lui écrit l'illustre académicien, en trouvant des faits aussi pleins d'avenir, en créant des idées si nouvelles et si sérieusement inspiratrices d'idées subséquentes. »

Guizot était ministre, il s'opposa à ce que le prix fût décerné à Raspail, il n'y avait là rien d'étonnant : le protestant autoritaire redoutait peut-être encore plus les audacieuses conceptions du savant que le ministre réactionnaire ne détestait le lutteur infatigable de la démocratie.

Le nom de Raspail avait atteint une immense popularité, autant, et plus encore peut-être, par ses luttes contre le gouvernement de prévilèges et de castes de

Louis-Philippe, que par ses découvertes scientifiques et médicales.

Le célèbre procès Laffarge ne devait point peu con-tribuer à l'augmenter.

Raspail entra en lutte avec le célèbre toxicologue Orfila qui, à l'aide de l'appareil de Marsch, bien connu des chimistes, avait trouvé de l'arsenic dans le cadavre de Laffarge.

Raspail rédigea un mémoire à l'appui du pourvoi en cassation de Mme Laffarge, où il soutint qu'on pouvait trouver de l'arsenic partout.

Eh bien, là encore, Raspail était prophète, il avait certainement l'intuition des grandes vérités naturelles. L'analyse spectrale inventée vingt-cinq ans plus tard, et qui peut révéler les traces les plus insaisissables de la matière, nous montre que la plupart des métaux, ainsi que l'arsenic, se rencontrent partout : dans l'air, dans l'eau, dans le bois, comme dans les tissus des animaux.

— Je m'arrête, citoyens, pour ne pas abuser de votre patience ; j'en ai dit du reste assez pour que vous pensiez avec moi que François Raspail a été aussi grand et aussi digne de la postérité par sa vie scientifique que par ses luttes pour la justice et la liberté. Science, c'est-à-dire lumière, justice et liberté, telle est la devise qui a guidé sa vie ; cette devise elle est, elle doit être la nôtre, comme elle est aujourd'hui celle du peuple. Et si nous venons ici saluer la mémoire de ce grand Français, ce n'est point avec le sentiment d'une inutile douleur que le temps a effacée ; c'est afin de raffermir notre courage pour les luttes de chaque jour, fortifier nos espérances par l'exemple et le souvenir de cette noble vie; puis enfin elever notre pensée vers les régions sereines où la science, en nous faisant entrevoir les vérités éternelles qui consolent des faiblesses passagères, nous donne de plus en plus une inébranlable confiance dans le triomphe de la liberté et de la justice.

Tu lui as consacré ta vie et ton génie, François Raspail, c'est pour cela que nous honorons ta mémoire et que nous venons saluer ta tombe!

DISCOURS DE M. JACQUES

PRÉSIDENT DU CONSEIL GÉNÉRAL DE LA SEINE.

MESSIEURS,

Invité à prendre la parole au nom du Conseil général, je n'ai pas voulu me dérober à un honneur dont cependant je sens tout le poids : je me suis souvenu qu'en 1848, j'avais été parmi les défenseurs d'une liste de vote où brillait le nom, déjà populaire, de Vincent Raspail ; je me suis souvenu que, durant plusieurs années, j'avais eu pour collègues ses dignes fils, Benjamin, aujourd'hui député de la Seine, Émile, enlevé, hélas ! à notre affection, et j'ai espéré que mon hommage, si faible qu'en soit l'expression, arriverait néanmoins à toucher l'assistance, puisqu'il part du plus profond de mon cœur.

François-Vincent Raspail est incontestablement, Messieurs, l'une des plus extraordinaires et des plus sympathiques figures contemporaines ! Un simple rapprochement le démontre : il naît, en 1794, au milieu d'une famille cléricale et monarchique et, grâce à la force de ses études, il parvient bientôt à une telle émancipation d'esprit que, de 1816, année où il se fixe à Paris, jusqu'en 1878, époque de sa mort, il est à l'avant-garde des hommes de son temps, dans la libre pensée, dans la science et dans la politique !

Suivez-le jusque dans les plus minces détails de

sa vie : partout il semble se conformer à cette virile maxime de Franklin : « Prenez la résolution de faire « ce que vous devez et faites sans y manquer ce que « vous avez résolu. »

Comme il me serait doux, Messieurs, de revoir avec vous le développement de cette magnifique existence, de montrer que pas une journée de cette bienfaisante carrière n'est perdue ni pour la science ni pour la Patrie, puisque même les années d'emprisonnement qu'il subit pour la République, sont consacrées à de fécondes études, à d'impérissables travaux !...

Mais il faut — en ce lieu et en ce moment — ménager les paroles... Est-il d'ailleurs une biographie plus connue que celle de celui qui, pendant plus de soixante ans, a été la personnification vivante de la démocratie française, de cette démocratie ardente au travail, avide de justice, éprise de liberté !

Qui ne sait, comme l'ont proclamé Broca et Robin, que c'est bien notre Raspail et non pas le Prussien Virchow qui a fait cette importante découverte que la cellule doit être considérée comme l'élément primordial de tout système organique ? Qui ne sait qu'avant la faveur des théories microbiennes, c'est lui encore qui a écrit :

« Mes recherches m'ont amené à admettre que le plus grand nombre des maladies émanent de l'invasion des parasites internes et externes. »

Et à côté de l'activité du savant et du philanthrope qui donc n'a entendu louer l'ardeur indomptable du républicain ? Qui n'a lu les journaux politiques où il écrivait si vaillamment, et pour n'en citer que trois :

« le Réformateur », qui parut en 1834, dont il fut le rédacteur en chef ; « l'Ami du Peuple », dont le premier numéro du 27 février 1848 portait en épigraphe : *Suffrage universel;* et « la Marseillaise », que fonda Rochefort en 1869? Qui donc n'a admiré la part active et glorieuse qu'il a prise dans les révolutions de 1830 et 1848?

En un mot, quel citoyen digne de ce nom n'a senti battre son cœur au récit des nombreux et éminents services que, par la parole, par la plume et par les actes, le grand Raspail a rendus à la République sociale !

Ah! Messieurs, il n'est personne qui ne le reconnaisse... nous sommes bien ici en présence de l'un de ces aînés d'élite auxquels fait allusion cette admirable strophe de notre hymne national :

> Nous entrerons dans la carrière
> Quand nos aînés n'y seront plus.
> Nous y trouverons leur poussière
> Et l'exemple de leurs vertus...

Espérons que bientôt nous pourrons saluer sur la place publique la statue vénérée de François-Vincent Raspail, comme nous lisons déjà son nom bien-aimé sur un boulevard de Paris!

Mais, en attendant cette glorification, revenons souvent à cette tombe, où, innombrables et émus, nous avons déposé, il y a dix ans déjà, les restes du maître qui nous a si longtemps guidés! Sachons écouter... sa voix n'est pas éteinte, et comme le 8 mars 1876, elle nous redit : « Oublions les souvenirs de nos calamités intestines; oublions toutes nos discordes; effaçons-en les dernières traces : c'est notre devoir à tous, la Patrie nous l'ordonne! Rapprochons-nous au lieu de nous diviser de nouveau, c'est à ce prix que la confiance renaîtra pour féconder la science, les arts, l'industrie, la moralisation et la liberté, ces grandes forces actives de la République! »

Et maintenant, Messieurs, recueillons-nous, méditons les conseils d'un homme qui n'a jamais eu de défaillances ; que les difficultés de l'heure présente ne nous découragent pas ; nous sommes sur le chemin de la Terre promise... tenons haut les cœurs et marchons !

DISCOURS DE M. DUBOIS

MEMBRE DU CONSEIL MUNICIPAL DE PARIS.

Citoyens,

Au nom du Conseil municipal de Paris, nous venons apporter sur cette tombe un tribut de reconnaissance, de respect et d'admiration !

Quel homme que Raspail ! Quelle sublime carrière il a fournie par amour de la science, par amour du peuple, de la République, de l'humanité !

Le savant, par ses patientes études, par une méditation de tous les instants, arrive à des sommets inconnus, et fait une révolution dans la physiologie : il découvre la cellule. Et, bien avant que certaines personnalités remuantes fussent nées, il professait la théorie des infiniment petits, qui sont nos maîtres, et entraînait la médecine dans une voie qui nous permet de glorifier aujourd'hui la valeur et le génie de ce grand citoyen.

Certes, les cent mille Parisiens qui accompagnaient cet honnête homme, ce démocrate accompli, à cette demeure dernière, ne connaissaient pas tous les fruits de ses longs travaux et de ses laborieuses études.

Mais tous savaient son attachement aux malheureux, son esprit de justice, son abnégation, son dévouement à la République ! Tous connaissaient l'homme du peuple qui avait sacrifié sa liberté et exposé sa vie à tous les dangers, pour le développement de ses idées généreuses; qui avait lutté avec la dernière vigueur contre toutes les monarchies, et qui, le 24 février 1848, proclamait le premier la République à l'Hôtel de Ville.

Superbe et glorieuse incarnation du savant et du républicain, de l'homme de patience et de lutte ardente que le seul mot de République menacée entraînait vertigineusement du laboratoire au combat!

Non! Paris n'oublie pas ces grands caractères, ces héros qui honorent tout un peuple, qui éclairent toute l'humanité.

Leur gloire et leur exemple grandissent avec le temps; et leurs aspirations sublimes pénètrent dans tous les cœurs au seul retentissement de leurs noms!

Ce sont de pareils souvenirs qui rendent la République belle et fière, et nous savons conserver pieusement ces grands souvenirs.

Ils nous fortifient; ils nous grandissent. Nous cherchons à y puiser une valeur que nous n'avons pas, un feu et une ardeur qui nous seraient nécessaires pour accomplir notre devoir si la France tombait entre des mains néfastes, et, si la République était menacée, pour la défendre et la conserver à l'Hôtel de Ville où, dans les grands jours, Raspail l'a proclamée!

DISCOURS DE M. DE MÉNORVAL

MEMBRE DU CONSEIL MUNICIPAL DE PARIS.

Citoyennes, Citoyens,

Je ne connais pas de spectacle plus vivifiant, plus digne des mœurs d'une grande démocratie, que cette communion intime, profonde, durable, qui s'établit entre un grand citoyen d'une part, et tout un peuple de l'autre.

Raspail, dès son enfance, a été épris d'idéal ; il était de ceux qui ne songent à eux qu'après avoir songé à tous ; qui ne vivent que pour réaliser les hautes conceptions de leur génie. Il a eu trois nobles passions dans sa longue et belle existence : la Patrie, la Science, l'Humanité.

Pour la Patrie, il a rompu avec les traditions royalistes de sa famille ; il a rompu avec les ecclésiastiques qui l'avaient élevé ; il s'est ému de pitié pour la France, meurtrie par les deux invasions de 1814 et de 1815 ; il a conçu une indignation profonde contre les monarchies — empire ou royauté — causes de nos désastres ; il a nourri dans le fond de son cœur le culte des héros de la Révolution méconnue, et, lors des journées de 1830, c'est en criant : Vive la République! qu'il fut blessé d'un coup de feu, à la caserne de Babylone. Il était avec Littré, Carrel, Farcy, un des rares combattants que les promesses de Louis-Philippe n'abusaient pas; il plaçait le salut de la France dans le retour aux principes de la Convention. A une époque où l'argent devenait Dieu, où Guizot s'écriait : « Enrichissez-vous! » où la capacité politique consistait à payer le cens électoral, il fut le plus ardent apôtre du suffrage universel, condition absolue du maintien de nos libertés. — Pour la Patrie, il sacrifiait l'ambition la plus légitime, et lui qui avait proclamé le premier la République de 1848, il n'acceptait aucune place dans le nouveau gouvernement. — Pour la Patrie, il fit tant d'années de cachot que je ne saurais les compter; il préféra l'exil à la grâce que le second Bonaparte eût été trop heureux de lui accorder, et, aux portes du tombeau, — à plus de quatre-vingts ans, — toujours sur la brèche, l'Ordre moral le fit condamner à un an de prison qu'il a subi jusqu'à la dernière minute, et ce, pour avoir dit sa pensée dans quelques phrases de son *Almanach* de 1874, sur les traîtres de 1870.

Pour la Science, il a renoncé aux plaisirs ordinaires de la jeunesse; il s'est séquestré du monde. En ajoutant les nuits aux journées de travail, il était passé maître, à l'âge où l'on n'est encore qu'écolier; il n'avait pas trente ans, quand il obtint ses premières récompenses de l'Institut. Les étrangers l'appelaient le créateur de la chimie organique, et, s'il en ressentait quelque fierté, c'est qu'il lui semblait étendre ainsi la gloire de la France. Pour ne se détourner en rien de travaux auxquels les sciences naturelles devaient chaque jour quelques nouvelles découvertes, il repoussait toutes les offres d'emploi, les situations les plus brillantes, même la place exceptionnelle de conservateur général des collections du Muséum qu'on aurait créée pour lui. Comme Béranger « il ne voulait rien être ». Chose incroyable, il méritait la croix, et ne la demandait pas ; on voulut la lui donner et il la refusa !... La science lui procurait des satisfactions bien autres ; elle charmait ses heures de captivité, et c'est sous les verrous qu'il a composé la plus grande partie de ses ouvrages ; c'est dans cette solitude qu'il résumait le fruit de ses méditations.

Pour l'Humanité, il est sorti de son laboratoire ; il a quitté ses livres et la science purement spéculative, ou plutôt il a su voir que les recherches les plus désintéressées sont encore les plus fécondes en applications bienfaisantes. L'anatomie microscopique lui avait révélé les troubles que les infiniment petits peuvent apporter dans nos organes, et il trouva les moyens d'arrêter leur action meurtrière. Il n'eut plus dès lors qu'une pensée, combattre la maladie et venir en aide aux souffrants, aux déshérités ; car, par un cycle fatal, la maladie amène la misère et la misère engendre la maladie. S'attaquer à la maladie, la prévenir par une hygiène prudente, c'est donc faire œuvre sociale et humaine au plus haut degré. Le socialiste, le savant, le philosophe, se rencontrent là sur un terrain commun ; tant il est vrai que la science suprême est la sociologie, qu'elle comprend toutes les autres, et qu'elle suppose la connaissance complète de l'homme, de ses organes et de

leurs facultés. Raspail se fit donc médecin, le médecin
des pauvres ; il porta dans ces nouvelles occupations
l'ardeur qu'il mettait en tout. Il fit un bien immense,
en montrant que la santé n'est que le jeu régulier de
nos forces ; que nous sommes le plus souvent nos
propres bourreaux, les auteurs de maux incurables, et
en inspirant à une partie considérable de la population
le souci de sa dignité physique et morale, l'habitude
de soins jusque-là trop négligés.

Je viens d'indiquer quelle avait été l'œuvre de
Raspail, ce qu'il avait fait pour tous. Qu'a fait la France
pour lui ? Les gouvernements lui ont volé sa liberté ;
ils eussent brisé une nature moins énergique. Les
savants, hélas ! les savants officiels, réglés et discipli-
nés, qui enseignent correctement de là à là, et pas plus
loin, sans rien déranger à ce qui est convenu, de peur
que tout ne se brise, ces savants-là l'ont abreuvé
d'amertume : ils ont nié ses découvertes et ont préféré
les attribuer à l'Allemagne plutôt que de lui en faire
gloire ; ils ont mieux aimé être ses rivaux que d'être
ses émules ! Mais les gouvernements et les académies
ne sont pas la France ! Le peuple, lui, ne marchande
ni sa reconnaissance, ni son admiration pour le génie,
quand le génie lui apparaît simple, aimable et ser-
viable. Raspail est devenu l'idole des quartiers popu-
leux de Paris ; son image y est encore gravée fortement.
Paris, d'ailleurs, a le don merveilleux de transformer
tout ce qu'il touche, et il avait fait bien vite un vrai
Parisien de cet enfant du Midi qui lui était arrivé par
la diligence, un beau jour de 1816, au commencement
du règne de Louis le Désiré. Sa figure n'est pas moins

populaire sur tous les points de la France, et les communes les plus lointaines, les plus ignorées, n'ont pas été les moins empressées à envoyer à notre comité leur obole pour l'érection de sa statue. Nous entrons donc maintenant dans l'ère réparatrice et notre gratitude cherche à égaler les services rendus. Nous avons reçu cette année les souscriptions du Conseil général de la Seine et du Conseil municipal de Paris. Nous serons en mesure d'élever, pour le centenaire de 89, la statue de notre ami sur le boulevard qui porte désormais son nom. Je ne voudrais pas trop insister sur une opposition de mots, mais il est piquant de voir que le boulevard Raspail remplace le boulevard d'Enfer, dont le nom ne rappelait que trop les trompeurs qui se sont joués de tout temps de la crédulité des pauvres humains pour les effrayer et les désespérer !

Citoyens,

Il ne suffit pas d'élever des statues aux grands hommes, il faut encore se montrer dignes de leurs vertus et de leurs enseignements. Dix ans se sont écoulés depuis que Raspail nous a quittés ; nous avons vécu, nous n'avons pas marché. S'il pouvait parler, il ferait entendre, lui aussi, « de sages conseils, de pa-« triotiques avertissements » ; il nous provoquerait « aux grandes ambitions, aux grandes espérances », et ses reproches, trop fondés, atteindraient surtout ceux qui, ayant formulé sous l'Empire le programme des réformes républicaines, déclarent qu'il n'est pas opportun de les exécuter sous la République ! Il leur rappellerait qu'on ne gouverne pas contre Paris ; que le progrès a toujours le dernier mot ; qu'il faut enfin résoudre « les questions qui atteignent au fond même des grandes affaires de la Nation », et que c'est la Patrie elle-même, la Patrie menacée, appauvrie et affaiblie par de trop longues divisions, qui exige, sans tarder un instant de plus, la concentration républicaine.

Prennent ensuite la parole : M. Lami, au nom de
la Société des *Blessés de Février 1848* ; M. Boc-
quet pour la Société *La Famille des Proscrits de
1851 et 1858*, et M. Thiébault, du Comité du
onzième arrondissement.

*(Tous ces discours ont été souvent inter-
rompus par des applaudissements.)*

M. Camille Raspail, vivement ému par cette tou-
chante manifestation, vient, au nom de la famille,
remercier les assistants, puis les orateurs qui ont
rappelé en termes si éloquents quelle a été la vie
de labeurs et de dévouement de François-Vincent
Raspail.

A quatre heures la cérémonie était terminée.

Imprimerie Paul DUPONT, 24, rue du Bouloi. — 261.2.88 F.